Dre JILLIAN ROBERTS
Illustrations de Jane Heinrichs
Traduction d'Olivier Bilodeau

Et si on parlait de NOTRE CORPS ?

Québec Amérique

Je dédie ce livre à tous les gens courageux qui luttent pour le respect et l'égalité des genres. La défenseuse de la justice sociale Erin Skillen ainsi que les braves femmes et hommes du mouvement #MoiAussi sont une source d'inspiration particulière pour moi. Merci d'élever vos voix pour aider les jeunes à tirer des apprentissages de votre force et des vérités que vous véhiculez. – JR

À mes parents, qui m'ont dit que j'étais magnifique, mais, plus important encore, que j'étais intelligente, aimable et forte lorsque j'en avais le plus besoin. – JH

Québec Amérique
7240, rue Saint-Hubert
Montréal (Québec) Canada H2R 2N1
Téléphone : 514 499-3000

Nous reconnaissons l'aide financière du gouvernement du Canada.

Nous remercions le Conseil des arts du Canada de son soutien.
We acknowledge the support of the Canada Council for the Arts.

Nous tenons également à remercier la SODEC pour son appui financier. Gouvernement du Québec – Programme de crédit d'impôt pour l'édition de livres – Gestion SODEC.

Projet dirigé par Virginie Lessard-Brière, adjointe éditoriale

Mise en pages de la présente édition : Audrey Guardia
Révision linguistique : Sandrine Ducharme et Sabrina Raymond
Illustrations : Jane Heinrichs
    Les œuvres de cet album ont été créées avec l'utilisation d'aquarelle anglaise et de stylo pinceaux japonais sur du papier d'aquarelle italien.

Édition originale : Liz Kemp
Conception graphique : Rachel Page

Photographies en couverture : Stocksy.com, iStock.com
Photographies intérieures :
Stocksy.com : © Jamie Grill Atlas (p. 11), Erin Drago (p. 14), Studio Firma (p. 16), Jovo Jovanovic (p. 22), Jacques van Zyl (p 24), Rob and Julia Campbell (p. 25)
iStock.com : © DOUGBERRY (p. 4), FatCamera (p. 5), tzahiV (p. 7), kate_sept2004 (p. 9), laflor (p. 10), Rawpixel (p. 17), SolStock (p. 19), idildemir (p. 20), energyy (p. 21), vitapix (p 23), AleksandarNakic (p. 26), kali9 (p. 27), fstop123 (p. 28), SolStock (p. 29)

Catalogage avant publication de Bibliothèque et Archives nationales du Québec et Bibliothèque et Archives Canada

Titre : Et si on parlait de notre corps ? / Dre Jillian Roberts ; illustrations, Jane Heinrichs ; traduction, Olivier Bilodeau.
Autres titres : Under our clothes. Français
Noms : Roberts, Jillian, auteur. | Heinrichs, Jane, illustrateur.
Description : Mention de collection : Documentaires jeunesse. Et si on parlait de...? | Traduction de : Under our clothes: our first talk about our bodies.
Identifiants : Canadiana (livre imprimé) 20220027889 | Canadiana (livre numérique) 20220027897 | ISBN 9782764449875 | ISBN 9782764449882 (PDF)
Vedettes-matière : RVM : Abus sexuels à l'égard des enfants—Prévention—Ouvrages pour la jeunesse. | RVM : Enfants—Violence envers—Prévention—Ouvrages pour la jeunesse. | RVM : Image du corps—Ouvrages pour la jeunesse. | RVM : Image du corps chez l'enfant—Ouvrages pour la jeunesse. | RVMGF : Albums documentaires. | RVMGF : Documents pour la jeunesse.
Classification : LCC HV6570.R6314 2023 | CDD j613.6/6083—dc23

Dépôt légal, Bibliothèque et Archives nationales du Québec, 2023
Dépôt légal, Bibliothèque et Archives du Canada, 2023

MIXTE
Papier | Pour une gestion forestière responsable
FSC® C011825

O—O—O—O—O—O—O—O—O—O—O—O—O—O—O—O—O—O—O—O—O—O—O

Quand tu découvres le monde qui nous entoure,

il t'arrive probablement de voir des gens avec des corps très différents les uns des autres. Certains sont grands, petits, minces, ronds ou de bien d'autres types encore. Peu importe leur forme ou leur taille, tous les corps sont beaux. Chacun doit se sentir bien dans son corps, peu importe son apparence. Il est aussi primordial que chaque personne respecte son corps et en prenne soin.

O—O—O—O—O—O—O—O—O—O—O—O—O—O—O—O—O—O—O—O—O—O—O

La semaine dernière, au vestiaire, j'ai remarqué que certaines personnes se changeaient derrière une serviette ou dans un espace privé alors que d'autres semblaient à l'aise de se montrer nues. Pourquoi ?

Chaque personne a ses propres opinions et sentiments à propos de son corps. La plupart de ces pensées viennent du foyer et de la culture dans lesquels elle a grandi. Certains sont plus pudiques que d'autres et préfèrent garder leur corps couvert, même au vestiaire. D'autres croient qu'ils n'ont pas à se couvrir, car leur corps est une chose naturelle. Chacun a sa propre attitude par rapport à son corps, à l'intimité et à la pudeur, et c'est tout à fait normal.

Qu'est-ce que la pudeur ?

Être pudique signifie agir ou s'habiller de façon à éviter d'attirer l'attention. Chacun a sa propre conception de la pudeur, et il ne s'agit pas que de la façon dont on s'habille, mais aussi de la manière dont on pense et se comporte. Puisque chaque personne a sa définition de la pudeur, il est important de ne pas juger les autres par rapport à leur façon d'être pudique.

Qu'est-ce que l'intimité ?

L'intimité est le fait d'être libre de toute attention indésirée. On peut donc parler d'intimité physique lorsque les autres respectent notre espace personnel et ne touchent pas notre corps ou ne nous demandent pas de le montrer d'une façon qui nous met mal à l'aise. Cela signifie que personne ne peut te toucher sans ta permission et que personne ne peut te demander de lui montrer des parties de ton corps que tu n'es pas à l'aise de montrer.

L'intimité concerne aussi les pensées, les valeurs et les croyances. Rien ne t'oblige à parler de ce que tu penses ou ressens, et tu dois également respecter l'intimité des pensées et des sentiments des autres.

Pourquoi les garçons et les filles se changent-ils à des endroits différents ?

Excellente question ! Plusieurs personnes sont plus à l'aise de se changer avec des gens du même sexe, et certaines religions et cultures exigent qu'il en soit ainsi.

La séparation des garçons et des filles est une chose très courante: on peut voir dans une majorité d'endroits du monde qu'il y a des toilettes et des vestiaires réservés aux hommes ou aux femmes.

Les toilettes non genrées

Les salles de bain non genrées sont accessibles aux personnes de toute identité de genre. Ces toilettes sont habituellement désignées par un écriteau indiquant que toute personne, peu importe son identité de genre, peut les utiliser. La plupart des salles de bain sont réservées aux hommes ou aux femmes. Les toilettes non genrées sont importantes, car elles offrent un endroit sécuritaire aux personnes qui ne se reconnaissent pas dans le système binaire traditionnel, comme les personnes transgenres ou celles qui ne s'identifient ni au genre masculin ni au genre féminin. Les salles de bain non genrées sont une façon de tenir compte de la diversité.

7

Si tout le monde a un corps sous ses vêtements, pourquoi s'inquiète-t-on de tout cela ? Pourquoi portons-nous des maillots de bain et utilisons-nous des vestiaires ?

Il y a des parties de notre corps que nous considérons comme privées et d'autres non. Dans la majorité des cultures, les gens couvrent les parties de leur corps qui sont privées lorsqu'ils sont en public. Ton maillot de bain et tes sous-vêtements couvrent tes parties génitales, qui sont considérées comme les parties de ton corps les plus privées.

Les vêtements et les maillots de bain nous apportent aussi de la sécurité. Ils nous rappellent quelles parties du corps sont privées et doivent rester à l'abri du toucher et des comportements gênants d'autrui.

Et bien sûr, les vêtements nous gardent au chaud !

Y a-t-il des moments où il est acceptable qu'une personne regarde mes parties intimes ?

À l'occasion, il se peut que le médecin ait besoin de regarder tes parties intimes ou de les toucher pour s'assurer que tu es en bonne santé. Les bébés et les très jeunes enfants ont parfois aussi besoin qu'on lave leurs parties intimes au moment du bain. Les parents lavent souvent leur enfant ainsi pour garder son corps propre et en santé.

Tu as peut-être déjà vu une femme découvrir ses seins en public pour nourrir son enfant. C'est ce qui s'appelle «l'allaitement». L'allaitement est une chose naturelle. Le corps d'une maman produit un lait contenant des nutriments qui nourrissent les bébés et les aident à grandir. Et puisque les nourrissons n'aiment pas attendre pour boire, l'allaitement peut se produire n'importe où, n'importe quand! Certaines mères préfèrent couvrir leur poitrine ou allaiter dans un endroit privé tandis que d'autres nourrissent leur enfant au biberon. C'est un choix personnel que l'on doit respecter.

11

Comment puis-je distinguer ce qui est bien de ce qui est mal ? Je veux garder mon corps en sécurité, mais je ne sais pas exactement comment faire.

L'essentiel est que tu saches avec quoi tu es à l'aise et que tu connaisses tes limites. Les clés de la sécurité corporelle qui se trouvent sur cette page t'aideront à te protéger et à savoir comment réagir quand quelque chose ne va pas.

Il est important que tu connaisses tes propres limites et que tu respectes celles des autres. Le but est de se sentir bien, en sécurité et écouté, ainsi que d'aider nos amis et notre famille à se sentir de la même façon.

Les clés de la sécurité corporelle

- **Mon corps m'appartient à moi et à personne d'autre:** Mon corps m'appartient, et il n'y a que moi qui décide quand et comment on peut le toucher.

- **Je connais mes signaux d'alerte:** Je sais comment je me sens émotionnellement et physiquement quand quelque chose me rend mal à l'aise ou me trouble. Je dois reconnaître et écouter ces sentiments.

- **Pas de secrets:** Si une situation m'a rendu mal à l'aise ou m'a troublé, je dois absolument en parler à un adulte en qui j'ai confiance. De plus, personne ne peut me demander de cacher quelque chose aux adultes de mon entourage en qui j'ai confiance.

- **Parties intimes:** Je sais quelles parties de mon corps sont privées et ne concernent que moi; je comprends que c'est la même chose pour les parties intimes des autres personnes. Quand quelqu'un franchit cette limite ou tente de le faire, je dois tout de suite en parler à un adulte en qui j'ai confiance.

Et si quelqu'un touche une autre partie de mon corps, une partie qui n'est pas intime, et que cela me déplaît ? Est-ce que je peux quand même dire non ?

Bien sûr ! C'est ton corps à *toi* et personne ne peut le toucher, où que ce soit, si tu ne le veux pas. Et c'est la même chose pour les autres. Si une personne te demande de ne pas toucher à une partie de son corps, tu dois respecter son choix et ses limites.

Si une personne franchit la limite de ton espace personnel, tu dois dire «NON!». Et si cela te rend inconfortable, ou si cette personne voulait toucher tes parties intimes, tu dois immédiatement en parler à un adulte de confiance. Ce n'est jamais approprié pour qui que ce soit d'entrer dans ton espace personnel ou de te toucher d'une façon qui te rend mal à l'aise.

Qu'est-ce que le consentement ?

Le consentement, c'est la permission que l'on donne à une autre personne d'entrer dans notre bulle personnelle. Donner sa permission, ou son consentement, est très important, car c'est ce qui garde les jeunes et les adultes en sécurité. Tu peux par exemple donner ton consentement à une personne qui veut te faire un câlin ou te donner un baiser. Tu peux également dire non si cela se produit. Tu n'as pas à utiliser ton corps pour faire plaisir aux autres. Tu as aussi le droit de changer d'idée, de dire non ou de dire oui à l'occasion et en fonction de comment tu te sens. Il est aussi important que tu demandes le consentement des autres, que tu leur demandes «Est-ce que tu veux un câlin?» ou «Est-ce que je peux te tenir la main?».

Quand nous étions plus jeunes, ma sœur
et moi prenions des bains ensemble.
Mais maintenant, elle cherche l'intimité.
Est-ce que j'ai fait quelque chose de mal ?

Il est normal, en vieillissant, de devenir plus pudique et de vouloir plus d'intimité. À mesure que nous vieillissons, notre corps change, tout comme nos limites et notre besoin d'intimité. Cela ne veut pas dire que tu as fait quelque chose de mal. C'est probablement que ta sœur prend de plus en plus conscience des parties intimes de son corps et qu'elle écoute la voix intérieure qui lui dit d'exiger davantage d'espace personnel.

Quand les enfants atteignent l'adolescence, leur corps change en raison de la croissance et du fait qu'ils deviennent des adultes. Ce processus s'appelle la «puberté». La puberté peut apporter certains soucis. Il arrive aussi qu'elle gêne certaines personnes, mais tout le monde doit passer par là. Pendant la puberté, le corps des garçons et des filles commence à produire plus d'hormones, mais ces hormones ne sont pas les mêmes chez les deux sexes. Les changements causés par la puberté concernent par exemple la grandeur, la forme du corps, l'endroit où des poils poussent, la peau ainsi que les émotions et les sentiments.

Mon ami porte toujours un chandail à la piscine. Il dit qu'il n'aime pas son apparence. Qu'est-ce qui fait qu'il n'aime pas son corps ?

On dirait bien que ton ami est *complexé* à propos de son corps. Cela signifie qu'il s'inquiète de ce que les autres pensent de son apparence. Ton ami craint peut-être que les personnes qui le regardent ne voient que les choses qu'il n'aime pas de son corps, et cela peut le rendre timide.

Nous devrions tous aimer le corps que nous avons. Malheureusement, il n'est pas rare que les gens soient complexés, car le monde qui nous entoure nous dit souvent à quoi nous devrions ressembler. Quand une personne est différente de ce qu'elle voit dans les magazines ou à la télévision, il se peut qu'elle devienne inconfortable et se sente mal dans sa peau.

Le dénigrement de l'apparence

est une forme d'intimidation qui consiste à menacer, à insulter ou à blesser les gens en raison de la forme ou de la taille de leur corps. Le dénigrement de l'apparence se fait par exemple au moyen de rumeurs ou par de l'intimidation en ligne. Les personnes qui ont un surplus de poids, qui sont très maigres ou dont l'apparence est différente sont parfois la cible d'intimidation liée à l'image corporelle.

Notre corps dans les médias

Les jeunes veulent parfois ressembler aux acteurs, aux actrices et aux mannequins qu'ils voient à la télé, dans les magazines et sur les médias sociaux. Mais les acteurs reçoivent de l'aide pour être parfaitement coiffés et maquillés, et les photos des magazines sont souvent retouchées et modifiées. Même s'il s'agit de personnes réelles, la façon dont elles sont représentées n'est pas réaliste et l'on ne peut qu'être déçus de nous-mêmes si l'on se compare à elles. Chaque personne a une apparence, des idées et des sentiments différents, et c'est ce qu'il y a de plus beau à propos de nous tous.

J'aimerais qu'il ne s'en fasse pas avec cela, car je le trouve fantastique !

Quelques mots au sujet de l'estime de soi

Avoir une bonne estime de soi nous aide à nous sentir bien et à avoir confiance en nous. À l'opposé, le manque d'estime de soi nous fait douter de nous et diminue notre confiance et notre assurance. Nous vivons tous des périodes où nous croyons moins en nous, mais quand cela se produit, il faut chercher le positif. Apprends à reconnaître les moments où tu te sens moins bien et trouve un aspect de ta personne – qu'il soit tout petit ou très grand – qui t'aide à te sentir mieux.

C'est ce qui est surprenant à propos des complexes. Ceux qui nous connaissent et nous aiment voient l'ensemble de l'individu que nous sommes, et pas seulement ce dont nous avons l'air à l'extérieur.

Les gens ont tendance à se voir pires qu'ils ne le sont et à être plus durs avec eux-mêmes que les autres ne le sont à leur égard. Il est donc important de retenir que ce n'est pas parce que certains aspects de nous-mêmes nous déplaisent que les autres pensent la même chose et partagent notre sentiment.

Il y a des moments où je crois que j'aimerais moi aussi changer certaines choses à propos de mon apparence.

Plusieurs d'entre nous se sentent ainsi à l'occasion. Mais tu peux t'exercer à développer une estime de toi positive en te réjouissant d'être qui tu es. Et la première étape pour arriver à avoir une estime de toi positive est de t'accepter et de t'aimer comme tu es !

Se parler à soi-même de manière positive est un moyen extraordinaire pour augmenter son estime de soi et sa confiance en soi ! Si tu te sens moins bien à propos de toi-même, essaie de voir si tu peux changer ta façon de penser pour regagner confiance en toi.

Voici quelques exemples de choses que tu peux te dire pour te rappeler à quel point tu es extraordinaire :

- Je suis reconnaissant d'avoir un corps en santé. Il me permet de marcher, de courir, de sauter et de danser !

- Je suis un très bon ami. Je me soucie des gens qui m'entourent.

Tout comme nous devons prendre soin de notre corps, nous devons prendre soin de nos pensées, de nos sentiments et de nos émotions, c'est-à-dire de notre santé mentale. Pour prendre soin de ta santé mentale, tu peux faire des activités qui te font sentir bien, passer du temps avec des personnes que tu aimes et demander de l'aide quand tu ressens de la colère, de la tristesse, de l'abattement ou toute autre émotion négative.

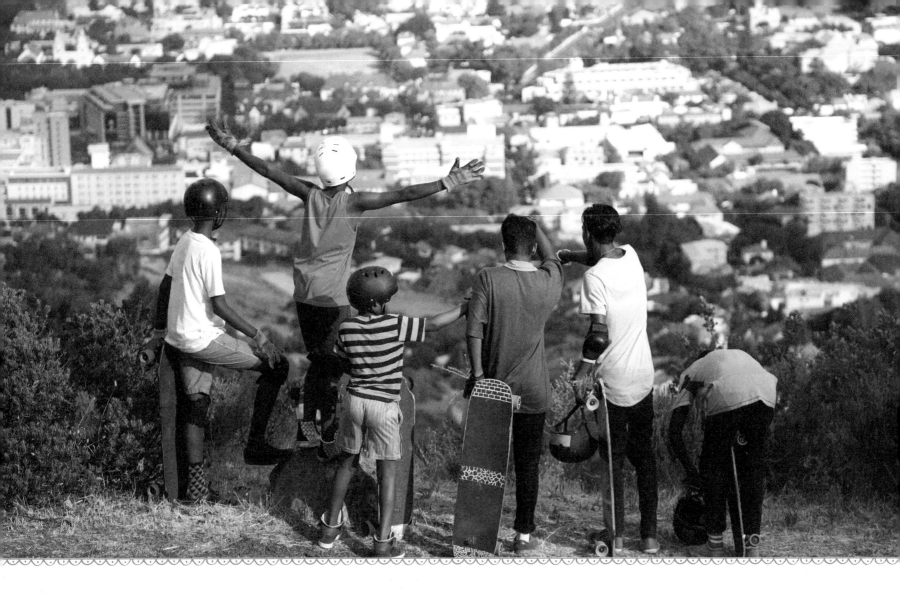

Est-ce que je peux faire quelque chose pour aider
mon ami à se sentir mieux à propos de lui-même ?

Ton ami doit développer lui-même son estime de soi – cela doit venir de sa propre personne. Mais tu peux l'aider en mentionnant ce qui fait de lui une personne extraordinaire.

Qu'est-ce qui te plaît chez ton ami?

Quelles sont ses façons de vivre, d'agir et de se comporter que tu admires?

Dans quoi est-il bon?

Prendre le temps de remercier tes amis et ta famille pour leur bonté ou de les féliciter pour leur créativité peut contribuer à leur estime de soi. Et n'oublie pas non plus de reconnaître toutes ces belles choses à propos de toi-même !

Les qualités personnelles, ou les traits de personnalité, désignent notre façon d'agir, de penser ou de nous sentir. Elles ne représentent pas la manière dont nous avons agi une seule fois, mais celle dont nous agissons la majorité du temps. La gentillesse, le respect, l'honnêteté, la capacité à démontrer de l'amour et la générosité sont autant d'exemples de qualités personnelles.

Il est très important de parler de notre estime de soi et des limites que nous avons par rapport à notre corps. Observer le monde qui t'entoure et découvrir comment les gens pensent et se sentent t'aidera à développer ta confiance en toi et sera aussi bénéfique pour les autres. Et n'oublie pas que tu peux toujours parler des choses qui te préoccupent aux adultes autour de toi.

Un mot de la docteure Jillian Roberts, autrice et pédopsychologue

Je n'aimais pas beaucoup mon corps pendant ma croissance. J'ai été mal dans ma peau pendant plusieurs années, et ce n'est que plus tard dans la vie que j'ai appris les leçons que je tente de communiquer dans ce livre.

L'un de mes plus grands souhaits est que les enfants de cette génération vivent une autre expérience, qu'ils apprennent à aimer leur corps et à en prendre soin. J'ai toujours aimé la compagnie des gens qui voient au-delà de l'apparence. En tant que personnes, nous sommes tellement plus que ce dont nous avons l'air. J'espère sincèrement que cette conversation amènera les jeunes lecteurs à réaliser que leur corps est une chose spéciale et qu'il est important de comprendre les limites corporelles et de développer leur estime de soi.

Ressources

Sites Web

Educatout.com « Le consentement chez les tout-petits », www.educatout.com/edu-conseils/sexualite/le-consentement-chez-les-tout-petits.htm

Équilibre.ca « Comment aider mon enfant à être bien dans son corps ? », https://equilibre.ca/comment-aider-mon-enfant-a-etre-bien-dans-son-corps/

Fondation Jeunes en Tête « Aider son jeune à développer une image corporelle saine », fondationjeunesentete.org/trousse-familles/aider-les-jeunes-a-garder-lequilibre/aider-son-jeune-a-developper-une-image-corporelle-saine

Habilo Médias « Parler aux jeunes des médias et de l'image corporelle », habilomedias.ca/ressources-pédagogiques/parler-aux-jeunes-des-médias-et-de-l'image-corporelle

Je me respecte « Qu'est-ce que la puberté ? », irespectmyself.ca/fr/respect-yourself/healthy-body/puberty/what-is-puberty

Naître et grandir « L'image corporelle chez les enfants », naitreetgrandir.com/fr/etape/5-8-ans/alimentation/fiche.aspx?doc=image-corporelle-chez-les-enfants

Naître et grandir « La pudeur chez l'enfant », naitreetgrandir.com/fr/etape/5-8-ans/comportement/fiche.aspx?doc=pudeur-chez-enfant

Réseau Avant de Craquer « Développer l'estime de soi chez les jeunes », www.avantdecraquer.com/contenu/jeunes-developper-lestime-de-soi-chez-les-jeunes

Livres

B.-Pilon, Nancy et Marish Papaya. *Roselionne*. Québec Amérique, Montréal, 2021.

Dolto, Catherine, Colline Faure-Poirée et Robin. *Respecte mon corps*. Gallimard, Paris, 2019.

Silverberg, Cory et Fiona Smyth. *De quoi sont faits les bébés ?*. Dent-de-lion, Montréal, 2019.

Stanké, Claudie et Barroux. *Non, non, c'est non !*. Les 400 coups, Montréal, 2005.

Tibo, Gilles et Marie-Claude Favreau. *Le Petit Bonhomme 5 – Le Corps du Petit Bonhomme*. Québec Amérique, Montréal, 2005.

Pour davantage de suggestions de lecture concernant les thèmes de l'affirmation de soi ou de la diversité corporelle, vous pouvez consulter le site Internet : https://kaleidoscope.quebec/

La **docteure Jillian Roberts** travaille avec les enfants depuis plus de vingt ans. D'abord enseignante au primaire, elle est ensuite devenue pédopsychologue et professeure agrégée de psychologie éducationnelle à l'Université de Victoria. Fondatrice de l'organisme FamilySparks, qui offre aux parents un soutien spécialement conçu pour les familles, Jillian habite à Victoria, en Colombie-Britannique. Pour en savoir davantage, visitez le www.drjillianroberts.com et suivez-la sur Twitter : @DrJillRoberts.

Jane Heinrichs est autrice et illustratrice de livres pour enfants. Elle commence habituellement sa journée de travail devant un bureau dégagé où elle pose ses deux cahiers à dessin (le grand pour les livres et le petit pour les dessins quotidiens), mais la termine souvent assise par terre, entourée de peinture, de crayons et de feuilles de papier. Jane vit au Royaume-Uni avec sa famille.
Visitez le www.janeheinrichs.com pour en savoir davantage.

 La série **Et si on parlait de...?**

La pédopsychologue Jillian Roberts traite de sujets tels que :

· La pauvreté et l'itinérance
· Les tragédies et les catastrophes
· Les préjugés et l'intimidation
· La sécurité en ligne

En misant sur l'apprentissage par l'enquête, ces livres favorisent l'apprentissage transversal et amènent les enfants à découvrir des questions importantes et à en discuter dans le but de **contribuer au développement de leur compassion et de leur empathie**.